# PREMIÈRE VACATION



---

# DÉSIGNATION DES OBJETS

## ANTIQUITÉS ÉGYPTIENNES

### GRECQUES ET ROMAINES

1 — PIERRE CALCAIRE COMPACTE A GRAIN FIN. — Petit monument funéraire de famille, offrant une rangée de cinq personnages debout, en ronde-bosse, sur une base où est incrustée une pierre à sacrifice en albâtre; l'une et l'autre sont entourées de légendes hiéroglyphiques gravées en creux, remplies d'une pâte bleue.

Ce précieux monument a été découvert le 8 décembre 1820, à Albîdos (haute Égypte), par M. Faidenal Duvant fils, et provient de la vente Hope.

Haut. 20 cent.; larg. 22 cent.

2 — PIERRE CALCAIRE. — Stelle funéraire de forme cintrée ; au sommet le disque solaire entre deux yeux ; au-dessous deux personnages assis dont les chaires sont colorées en rouge, et plusieurs rangées de légendes hiéroglyphiques.

Haut. 33 cent.; larg. 15 cent.

3 — BOIS. — Sésostris debout, grande figure se terminant en gaîne, couverte de légendes hiéroglyphiques gravées en creux. Socle en marbre noir.

Haut. 33 cent.

4 — BOIS. — Tête de lion provenant du bras d'un trône royal, admirable spécimen de sculpture égyptienne.

5 — TERRE ÉMAILLÉE VERTE. — Isis, nourrice, présentant le sein à son fils Horus ; une partie de sa coiffure est émaillée en bleu foncé ; le siége est orné d'imbrications.

Haut. 14 cent.

6 — TERRE ÉMAILLÉE VERTE. — Autre statuette de la même divinité ; la figure d'Horus manque.

7 — LAPIS LAZULI. — Pascht debout, la tête surmontée du pschent. Jolie figurine bien conservée.

Haut. 5 cent.

# CATALOGUE

DES

# OBJETS D'ART

## ET DE HAUTE CURIOSITÉ

## ANTIQUITÉS

### ESTAMPES ANCIENNES, DESSINS, AQUARELLES

### TABLEAUX DE MAITRES

COMPOSANT LA PRÉCIEUSE COLLECTION

## DE FEU M. EVANS-LOMBE

VENTE A L'HOTEL DROUOT

SALLE N° 5

**Les Lundi 27, Mardi 28, Mercredi 29, Jeudi 30 Avril**

**Vendredi 1er et Samedi 2 Mai 1863**

A UNE HEURE ET DEMIE

---

COMMISSAIRE-PRISEUR, Me **CHARLES PILLET**, rue de Choiseul, 11,

EXPERTS
- MM. **ROUSSEL**, rue Rochechouart, 48,
- Cн. **MANNHEIM**, rue de la Paix, 10,
- **CLÉMENT**, rue des Saints-Pères, 3,

*Chez lesquels se distribue la présent Catalogue.*

---

**EXPOSITION PARTICULIÈRE**  |  **EXPOSITION PUBLIQUE**

Le Samedi 25 Avril 1863  |  Le Dimanche 26 Avril 1863

*de une heure à cinq heures.*

---

# CONDITIONS DE LA VENTE

Elle sera faite au comptant.

Les acquéreurs payeront, en sus des adjudications, *cinq pour cent* applicables aux frais.

---

## Le présent Catalogue se trouve :

Chez MM.

| | |
|---|---|
| *A Paris,* | CHARLES PILLET, commiss[re]-priseur, rue de Choiseul, 11. |
| » | ROUSSEL, expert, rue Rochechouart, 48. |
| » | C. MANNHEIM, expert, rue de la Paix, 10. |
| » | CLÉMENT, expert, rue des Saints-Pères, 3. |
| » | JOHN ARTHUR, rue Castiglione, 10. |
| *Londres,* | ANNOOT, Old-Bond street, 16. |
| » | COLNAGHI, Pall-Mall-East, 14. |
| » | H. DURLACHER, New-Bond street, 113. |
| » | FARRER. |
| » | J. WEBB, 22, Cork-Street, Burlington-Garden. |
| *Bruxelles,* | ÉTIENNE LEROY, place du Grand-Sablon, 12. |
| *Rotterdam,* | LAMME. |
| *Berlin,* | ARNOLD, unter den Linden. |
| » | ASHER. |
| » | FIOCATI. |
| » | LEPKE. |
| ». | REIMER. |
| *Francf[t].-s.-M.* | LŒVENSTEIN frères. Zeil. |
| *Milan,* | VALLARDI. |
| *Vienne,* | ARTARIA et C[e]. |
| *Florence,* | BALDI. |
| *S[t]-Pétersb.* | VON REGMORTER. |

---

Paris. — Impr. de PILLET fils aîné, rue des Grands-Augustins, .

8 — Lapis lazuli. — Vautour, animal consacré à Mouth,
symbole de maternité, de mort et de victoire. Sculpture très-fine, provenant du cabinet de M. Bourgeois
Thierry, de Suippes.

9 — Ambre brun rougeatre limpide. — Tête de nègre, avec
bélière.

10 — Ambre opaque. — Groupe fragmenté représentant un
Lion dévorant un oiseau.

11 — Serpentine émaillée en vert. — Beau scarabée offrant
sur le plat dix rangées d'hiéroglyphes, avec cartou-
ches royaux gravés en creux.

12 — Terre émaillée bleu turquoise. — Péctoral orné d'incrustations en pâte rouge, offrant sur la face princi-
pale trois scarabées; celui du milieu est en jaspe
vert; les deux autres, en terre émaillée, sont incrustés de pâte rouge. Au revers deux divinités sont
placées de chaque côté d'un scarabée en serpentine,
dont on ne voit que le plat, portant une légende hié-
roglyphique.

13 — Terre grise. — Vingt-huit scarabées portant des légendes gravées en creux.

14 — Terre grise. — Vingt petites amulettes de formes variées.

15. — Terre grise. — Vingt-huit figurines et amulettes.

16 — Jaspe vert. — Trente-trois scarabées, avec entailles sur le plat, représentant divers sujets. Ce lot sera divisé.

17 — Jaspe vert. — Scarabée avec sa monture en bague d'or.

18 — Jaspe vert. — Autre scarabée également avec sa monture en or.

19 — Jaspe vert. — Deux scarabées montés en argent. Le métal est passé à l'état de muriate.

20 — Cornaline. — Scarabée monté en or.

21 — Serpentine. — Scarabée monté en or.

22 — Terre grise. — Scarabée monté en bracelet d'argent.

23 — Terre grise. — Scarabée également monté en bracelet d'argent.

24 — Terre grise. — Autre semblable.

25 — Cornaline. — Intaille montée en bracelet d'argent.

# BIJOUX

26 — Argent passé a l'état de muriate. — Collier composé
de petits tubes, avec trois petits médaillons.

27 — Argent passé a l'état de muriate. — Deux bracelets.

28 — Argent passé a l'état de muriate. — Deux autres bracelets.

29 — Argent passé a l'état de muriate. — Quatre bracelets
plus petits.

30 — Argent passé a l'état de muriate. — Neuf petits an-
neaux.

31 — Argent passé a l'état de muriate. — Huit boucles
d'oreilles.

Tous les objets que nous venons de décrire, depuis le
n° 12, proviennent de fouilles faites par le chevalier Caza
à Tharos.

32 — Or. — Parure grecque, composée d'un collier et de
deux boucles d'oreilles; le collier est formé de petits

tubes avec quinze pendants ornés de mascarons; au centre est suspendu un médaillon filigrané avec cabochon de jaspe sanguin, au-dessous duquel est un pendant en or; les pendants des boucles d'oreilles ont la forme de vases à deux anses.

33 — Or. — Fibule grecque formée par une Sirène portant au-dessus de la tête une espèce de sphère ornée de cercles filigranés.

34 — Or. — Amulette formée par un groupe de trois déesses debout, vêtues du peplum et de la tunique; une bélière sert à la suspendre. Pièce remarquable.

35 — Or. — Petite grenouille et un petit objet portant une inscription.

36 — Or. — Collier composé de grains en or et en cornaline alternés entre eux.

37 — Or. — Deux bagues et deux pendants de boucles d'oreilles trouvés à Tharos.

38 — Or. — Quatre boucles d'oreilles, même provenance.

39 — Or. — Trois paires de boucles d'oreilles, dont les pendants ont la forme de petits cubes. Même provenance.

40 — Or. — Treize pièces, bagues et boucles d'oreilles. Même provenance.

41 — Or. — Collier formé d'une spirale.

42 — Or. — Collier druidique trouvé en Bretagne, pesant 147 grammes 50. Pièce intéressante et de la plus grande rareté.

43 — Pate de verre. — Quatorze colliers composés de grains alternés d'autres grains en terre émaillée. Seront vendus par lots.

## TERRES CUITES ANTIQUES

44 — Masque phénicien, représentant la Tragédie.

45 — Autre masque, représentant la Comédie.

46 — Masque mutilé d'un nègre.

47 — Buste de déesse diadémé.

48 — Trois bustes de femmes.

49 — Statuette de déesse, ornée d'un collier.

50 — Vase à une anse, formé par un buste de femme, les mains appuyées sur une espèce de fuseau.

51 — Un buste de femme, une figurine et un poisson.

52 — Deux bouteilles, dont une a la forme d'un oiseau.

53 — Petit plat orné de deux mascarons, une petite coupe noire et une espèce de lampe.

54 — Quatorze pièces variées, coupes, vases, etc.

> Toutes les terres cuites que nous venons de décrire proviennent des fouilles faites à Tharos.

55 — Trois petites têtes votives, provenant de l'Archipel grec.

56 — Amphore de forme aplatie, ornée de chaque côté d'une tête de Gorgone.

## VASES PEINTS

57 — Vase à une anse élevée de forme élégante et ornée de petits bustes de femme en ronde-bosse; peinture rouge rehaussée de blanc; sujet mystique. Fabrique de la Basilicate.

58 — Coupe à une anse, peinture noire : Vulci, et trois autres
pièces mutilées.

59 — Vase à deux anses formées par des branches de chêne
enlacées, dont les feuillages en relief garnissent la
panse du vase. Terre noire.

## FRESQUES

60 — Peinture sur terre cuite; un Génie ailé portant des pièces
de gibier, et une autre peinture sur grès.

61 — Peinture sur ciment; Jeune femme assise, en train de
filer; c'est peut-être une des Parques.

62 — Autre peinture sur ciment; une Jeune fille, le coude
appuyé sur un cippe.

## MARBRES ANTIQUES

63 — Buste de jeune Bacchus couronné de pampres, marbre
blanc.

64 — Buste d'Adrien, sculpture d'une beauté remarquable et
de grandeur naturelle. La chlamyde en bronze est
moderne.

65 — Statue antique d'un jeune faune, terminé en Hermès,
en marbre rouge antique de la plus belle qualité, sur
piédestal en marbre vert antique.

Il n'existe que deux figures antiques entières de cette
matière. Celle-ci, dont la tête a été séparée du corps lorsqu'elle fut découverte, est réparée avec soin : elle est du
reste d'une très-belle conservation. Elle provient du cabinet du marquis de Drée.

Haut. 1 mèt. 30 cent.

66 — Buste d'un personnage romain, en marbre rouge veiné
de blanc, avec chlamyde en marbre blanc.

67 — Statuette de Mercure debout, coiffé du pétase et tenant
une bourse de la main droite. Marbre blanc.

68 — Loutre en marbre bleuâtre veiné, avec incrustations en
marbre noir, pour imiter la peau de l'animal; sculpture curieuse dont il est difficile de fixer l'époque
précise.

69 — Chien assis, en marbre blanc.

70 — Groupe d'animaux ; une Tigresse allaitant ses petits, en marbre brèche imitant la peau du tigre. Ouvrage italien du siècle dernier.

## BRONZES ANTIQUES

71 — Deux têtes de satyres provenant d'anses de vase, bronzes étrusques d'une grande finesse et pourvus d'une belle patine.

72 — Statuette votive, portant une inscription grecque ; elle représente un homme malade assis sur un siége ; les yeux sont incrustés en argent. Ce bronze précieux a été découvert à Reims en 1845. M. de Longpérier l'a publié dans la *Revue archéologique*.

73 — Un mulet debout, harnaché de sa selle.

74 — Bague avec tête d'homme laurée.

75 — Vase mutilé, et deux rondelles de candélabres.

76 — Deux haches, une en bronze, l'autre en silex vert.

77 — Sorte de pied de vase, richement incrusté d'ornements en émaux de couleurs variées.

78 — Statuette équestre de l'époque carlovingienne, représentant Charlemagne tenant une sphère dans la main
gauche et une épée de la droite. Bronze curieux, portant des traces de dorure.

En 1682, trois chauvins du chapitre de la cathédrale de
Metz firent un inventaire du trésor : cette pièce authen-
tique contient ce qui suit à l'article Reliquaires et bijoux :
« N° 20. Une statuette équestre représentant Charlemagne
en bronze doré, qu'on exposait sur le lutrin depuis le
28 janvier pendant tout l'office des morts, jusqu'au len-
demain après la grand'messe célébrée pour le repos de son
âme ; quatre cierges brûlant 36 heures éclairaient cette
figure. »

Cette statuette de Charlemagne fut achetée à Metz, en
1807, à un libraire, par M. Alexandre Lenoir, lorsqu'il alla
dans cette ville pour y recueillir les restes d'une chapelle
de l'église des Grands-Carmes, construite par Pierre Parat,
architecte de la fin du xvi° siècle. (*Note du propriétaire.*)

## VERRES ANTIQUES

79 — Grand vase de forme cylindrique, dont le col étroit est
muni de deux petites anses. Verre blanc irisé.

80 — Autre vase de même forme, moins grand.

81 — Vase à une anse. Verre blanc irisé.

82 — Ampoule à une anse. Verre blanc irisé.

83 — Vase cylindrique à piédouche, orné de serpents en relief. Pièce remarquable de la plus grande rareté.

Les cinq pièces de verrerie antique que nous venons de
décrire ont été découvertes à Cologne, dans un tombeau.

84 — Grande fiole à une anse en verre verdâtre.

85 — Ampoule à une anse et deux goulots, divisée intérieu-
rement par une cloison pour séparer les deux liquides
qu'elle devait contenir.

86 — Autre ampoule semblable, plus petite.

87 — Ampoule en verre vert.

88 — Bouteille à une anse; très-jolie forme.

89 — Carafe à une anse, à panse aplatie.

90 — Urne cinéraire, très-irisée.

91 — Urne cinéraire avec couvercle; le bord du vase formant
un bourrelet très-épais renferme un liquide que l'on
suppose être une liqueur odorante. Cette pièce est de
la plus grande rareté.

92 — Urne cinéraire en verre irisé.

93 — Six fragments de vases, coupes, etc., pourvus de belles irisations.

94 — Douze coupes en verre blanc. (Seront vendues par lots.)

95 — Jolie fiole à panse carrée et col allongé. Verre très-irisé.

96 — Coupe basse, avec ornements sur le bord.

97 — Une coupe et un couvercle d'urne, très-irisés.

98 — Beau plateau circulaire en verre vert irisé.

99 — Bassin en verre blanc.

100 — Environ quarante fioles et ampoules en verre irisé. (Seront vendues par lots).

101 — Fiole à large panse et goulot, munie d'une anse.

102 — Amphore en verre bleu, avec deux petites anses blanches.

103 — Vase à long col en verre bleu, très-jolie forme, orné
de deux anses.

104 — Amphore de forme cylindrique, à chevrons de couleurs.

105 — Fiole à une anse, panse hexagone, en verre vert.

106 — Vase doliforme en verre bleu foncé. Rare.

107 — Grande plaque polie d'un côté, en verre violet translu-
cide, accidentée de veines orbiculaires très-irrégu-
lières en émail blanc fondues dans la masse. Très-
rare.

108 — Grand nombre de fragments divers, de verreries antiques. (Seront vendus par lots.)

109 — Coupe profonde, de forme hémisphérique, sans pied
ni anses; fond vert semé d'étoiles irrégulières à plusieurs raies de nuances variées. Pièce remarquable.

(Des collections Debruge et Louis Fould.)

Haut. 7 cent.; diam. 12 cent.

110 — Fragment d'un vase à deux couches imitant le sardo-
nyx, orné d'un camée à sujet érotique. Ouvrage
grec d'une exécution remarquable.

# DEUXIÈME VACATION



---

# OBJETS DU MOYEN AGE, &c.

## TERRES CUITES

111 — Très-beau buste en terre peinte, représentant saint
Jean, grandeur naturelle. École de Donatello.

    (De la collection Rattier.)

112 — Joli buste du petit saint Jean, avec draperie émaillée
en bleu; par Lucca della Robbia.

113 — Groupe de figures, représentant la Vertu terrassant le
Vice; par Jean de Bologne. Ce serait la première
pensée du groupe colossal qui existe au palais dit
des Cinq-Cents.

114 — Statuette de femme entièrement nue, debout, tenant
deux urnes desquelles s'échappent de l'eau. Sculpture moderne, signée C. Bouret, 1805.

# SCULPTURES

## SUR PIERRE ET MARBRE

**115** — Tête de sainte, drapée. Sculpture sur pierre calcaire, du XVIᵉ siècle.

**116** — Deux statuettes de saints en albâtre ; elles ont conservé des traces de dorures. Ouvrage du XVIᵉ siècle.

Haut. 53 cent.

**117** — Sculpture de haut relief sur pierre argileuse grise, représentant un mariage entre nobles personnages : les deux époux sont agenouillés en face l'un de l'autre, en costumes du XIVᵉ siècle.

Haut. 16 cent.; larg. 15 cent.

# BRONZES FLORENTINS & AUTRES

**118** — Statuette représentant Vénus debout, le bras droit élevé ; auprès d'elle un dauphin. Beau bronze florentin, provenant de la collection de M. le baron Denon.

Haut. 60 cent.

119 — Groupe de deux figures, Vénus et l'Amour; charmante
composition, bronze florentin, sur piédestal en bois
sculpté ; orné des attributs de Vénus.

120 — Groupe de quatre figures, fondu d'un seul jet, représentant la Charité; beau bronze italien, sur socle
en bois sculpté. Il provient de la collection de M. de
Sivry, de Venise.

121 — Deux chevaux en liberté; très-beaux bronzes italiens,
sur socle en marqueterie de Boule, orné de bronzes
dorés.

122 — Belle statuette debout, représentant l'Eloquence; bronze
ancien d'une grande finesse, provenant de la collection de M. Comarmon, de Lyon.

123 — Huit petits bustes, représentant : Henri VIII d'Angle-
terre, le duc de Buckingham, le chancelier Thomas
Morus, le comte Essex, Edouard Seymour, Janne
Seymour, Anne de Bolein et la reine Élisabeth.

124 — Figurine d'Amour debout sur un rocher, bronze doré.

125 — Vénus couchée sur un lit de repos, bronze doré; les
draperies sont coloriées.

# BOIS SCULPTÉS

126 — Dossier de selle de cheval. Haut-relief. Un quatre-
feuilles inscrit dans un losange et renfermant une
tête de race éthiopienne, occupe le milieu; à gauche,
un homme velu aux prises avec un lion; à droite,
un chevalier revêtu de l'armure du XIIIe siècle, com-
battant une lionne.

Cette rare et belle pièce, qui provient de la collection
Debruge-Duménil, a été reproduite par la gravure et forme
le frontispice du Catalogue de la dite collection.

Voir, pour plus de détails, *Description de la collection Debruge-Duménil*. Paris, 1847, p. 411.

Haut. 13 cent.; larg. 25 cent.

127 — Grand et beau groupe en bois sculpté : la Vierge assise
tient l'enfant Jésus sur ses genoux. Cette charmante
composition, exécutée dans un seul morceau par
Brustoloni, peut être considérée comme un chef-d'œuvre de ce célèbre artiste vénitien, qui s'est exclusi-
vement consacré à la sculpture sur bois.

Haut. 37 cent.

128 — Haut-relief : l'Ascension de la Vierge. Jolie composi-

tion de trois figures appliquées sur un fond de ve-
lours noir et dans une bordure ovale sculptée à tors
de lauriers.

Haut. 58 cent. ; larg. 51 cent.

129 — Groupe de deux enfants nus en bois sculpté; l'un d'eux
est monté à califourchon sur l'autre qu'il tient par
les cheveux. Travail flamand.

Ce groupe provient de la collection Brunet-Denon.

Haut. 135 millim.

130 — Grand et beau soufflet de cheminée en bois sculpté et
doré à réserves.

Il est orné de deux cariatides ailées arrangées avec grâce
selon le galbe du soufflet ; au centre est un cartouche surmonté d'une guirlande de fruits ; la poignée, formée d'un
satyre accroupi, et le canon, qui est en bronze et d'un riche modèle, part d'un mascaron sculpté avec beaucoup de
style.

Beau travail italien du xvi° siècle. Il provient de la collection Soltykoff.

131 — Autre grand et beau soufflet de mêmes travail et
époque.

Il est orné à son centre d'un groupe de trois figures :
Vénus et les Amours. Comme celui qui précède, il provient de la collection Soltykoff.

131 *bis* — Coffret de mariage en bois de noyer, finement sculpté
et d'une belle conservation. Les ornements du meil-
leur style gothique sont infiniment variés. Les deux
côtés sont ornés de rosaces; sur l'un est sculpté en
caractères gothiques : *Jehsus*, *Maria;* sur l'autre :
*Adonai* et un autre mot qui semble être *Dobde*. Ce
coffret est d'un style qui se retrouve dans les cathé-
drales d'Angleterre.

Il provient de la collection de M. Comarmon, de Lyon.

Long. 50 cent.; larg. 31 cent.; haut. 23 cent.

132 — Pupitre du temps de Louis XIII en bois sculpté, orné
de plusieurs bas-reliefs dont le principal, placé en
avant, représente l'intérieur de l'atelier de saint
Joseph. Sur les côtés inclinés sont représentées les
figures de la Foi et de l'Espérance. Le reste de ce
joli meuble est orné de sculptures et d'incrustations
en bois de couleur.

Il provient du cabinet de M. Visconti.

Haut. 19 cent.; larg. 30 cent.; long. 22 cent.

133 — Coffret de forme carrée en bois sculpté, à fleurs et ornements divers; sur le couvercle se trouve le blason
historique des seigneurs de Rhingrave, entouré
d'esclaves enchaînés et de trophées d'armes.

L'intérieur, formant écritoire, est divisé en compartiments à ornements et chiffres couronnés finement gravés.
Travail lorrain du temps de Louis XIV.

Long. 39 cent.; larg. 27 cent.; haut. 8 cent.

134 — Tableau carré offrant en relief le Christ en croix et les deux larrons; composition d'un grand nombre de figures rehaussées d'or et de couleurs. Travail allemand du xvie siècle, en cuir.

135 — Deux grands flambeaux d'église à pieds triangulaires, en bois sculpté, à figurines, têtes de chérubins, guirlandes de fleurs et ornements divers.

Haut. 97 cent.

136 — Groupe en bois de noyer provenant d'un rétable du xvie siècle; il représente la mort de la Vierge; composition de douze figures.

Ce groupe provient de la collection Soltykoff.

Haut. 58 cent.; larg. 1 mèt.

137 — Autre groupe en bois de noyer, représentant le même sujet et provenant de la même collection.

Haut. 60 cent.; larg. 55 cent.

138 — Quatre groupes faisant suite à celui ci-dessus, représentant l'Annonciation, la Visitation, la Nativité et la Circoncision.

Même provenance.

139 — Petite boîte formant écritoire, faite avec un morceau du mûrier planté, dit-on, par Shakespeare; elle est de forme oblongue, sculptée à quadrilles et rosaces.

Long. 167 millim.; larg. 9 cent; haut. 5 cent.

140 — Petit coffret de forme oblongue, à couvercle cintré, en bois sculpté à figurines, blasons et inscriptions.

Long. 125 millim.; larg. 4 cent.; haut. 8 cent.

141 — Statuette d'un saint personnage en costume d'évêque.

Haut. 20 cent.

142 — Deux flambeaux en bois sculpté de forme très-élégante, à base octogonale. Époque Louis XIII.

Haut. 15 cent.

143 — Jolie boîte de forme carrée, enrichie d'ornements et de fleurs et portant au centre du couvercle un blason de cardinal.

Long. 350 millim.; larg. 22 cent.; haut. 7 cent.

144 — Boîte ronde, portant en relief le blason de la famille de Laperrière. Époque Louis XIII.

Diam. 9 cent.

145 — Deux lions assis en bois sculpté et doré. Travail
vénitien.

Haut. 17 cent.

# IVOIRES SCULPTÉS

146 — Grand diptyque dont les deux feuilles sont cintrées
dans le haut; celle de gauche offre le Christ debout
entièrement drapé; sur l'autre la Vierge debout
portant l'Enfant Jésus. Travail des premiers temps
du moyen âge. Les inscriptions en lettres gothiques
dorées qui entourent les figures paraissent être d'une
époque postérieure à celle de la sculpture.

Cet objet précieux provient des collections Cottreau et
Daugny.

Haut. 27 cent.; larg. 20 cent.

147 — Groupe de deux saints personnages, hommes à têtes
barbues, sculptés en ronde-bosse; ils sont assis et
tiennent un livre ouvert dans lequel l'un d'eux pa-
raît expliquer un texte de sujets saints. Travail du
xv° siècle.

Haut. 13 cent.; larg. 10 cent.

148 — Manche (de tau?) de forme cylindrique portant en
relief vingt-sept animaux fantastiques et autres très-

finement sculptés dans des médaillons de forme carrée. Travail du xive siècle.

Long. 15 cent.

149 — Dame à jouer, représentant un personnage à califourchon sur un animal fantastique et tenant de la main droite une trompe de chasse. Travail allemand du xiie siècle.

Diam. 62 millim.

150 — Diptyque gothique du xve siècle offrant quatre bas-reliefs représentant la Crèche, l'Adoration des Rois Mages, la Présentation au Temple et le Christ en croix. Ces sujets sont placés sous des arceaux de style ogival.

Haut. 13 cent.; larg. 12 cent.

151 — Diptyque de mêmes style et époque, offrant deux sujets en bas-reliefs; le Christ en croix et les saintes femmes, et la Vierge debout, tenant l'enfant Jésus entre deux anges.

Haut. 7 cent; larg. 11 cent.

152 — Vidrecome offrant en haut-relief des tritons et des naïades se jouant dans les flots; charmante composition de quatorze figures. Monture à anse et couvercle en argent doré. Travail du xviie siècle.

Cette pièce provient de la collection de M. de Sivry.

Haut. totale, 18 cent.

153 — Grand et beau buste de Côme II de Médicis. Travail de ronde-bosse attribué à Alex. Algardi.

Haut. 37 cent.

154 — Charmante petite statuette, dans le style de François Duquesnoy, dit *le Flamand*; Amour debout se faisant un arc.

Cette figure, remarquable par son exécution, provient de la collection de M. le baron de Saint-Pierre.

Haut. 11 cent.

155 — Autre petite statuette; Enfant debout s'appuyant sur un dauphin.

Haut. 8 cent.

156 — Groupe sculpté en ronde-bosse; faune debout et panthère. Socle en bois noir à moulures en ivoire.

Haut totale, 25 cent.

157 — Statuette de sainte femme debout, entièrement drapée. Socle de même matière, de forme octogonale.

Haut. totale, 13 cent.

158 — Coffret de forme oblongue; ses quatre faces présentent en bas-reliefs des sujets tirés de l'*Histoire de Diane*,

…et le couvercle, Apollon visitant les Muses. Les angles sont occupés par des figurines de satyres debout. La serrure, en argent, porte le millésime de 1705.

Long. 10 cent.; larg. 65 cent.; haut. 8 cent.

159 — Très-petite boîte portant sur toutes ses faces des jeux d'enfants, et sur le fond Vénus et Adonis, sculptés en bas-reliefs.

160 — Petit amorçoir offrant en bas-relief le sujet de Persée et Andromède.

161 — Fragment d'une gaîne, offrant en relief deux figurines debout.

162 — Petite écritoire en forme de cippe, ornée de figurines d'enfants et d'animaux sculptés en bas-reliefs et repercés à jour.

Haut. 56 millim.

163 — Vase couvert, de forme sphérique, portant en relief des figures d'hommes et d'animaux, et des ornements divers. Le piédouche, de forme cylindrique, est entouré par huit figurines de personnages assis et sculptés en ronde-bosse. Travail indien ancien.

Haut. 24 cent.

164 — Vase de même forme; il repose sur un socle composé
de figurines assises sous des arceaux et reposant sur
une base cylindrique. Même travail.

*Haut. 23 cent.*

165 — Tableau de forme carrée sur hauteur; l'Annonciation,
sujet très-finement gravé au trait sur ivoire. Travail.
du XVIIᵉ siècle. Double bordure, la première en
ébène à moulures, la deuxième en bois sculpté et
doré.

*Larg. 115 millim.; haut. 155 millim.*

166 — Joli soufflet en ivoire sculpté, à ornements et fleurdelisé; il porte en outre les deux L enlacés, chiffre de
Louis XVI et de Marie-Antoinette.

# FAÏENCES ITALIENNES & AUTRES

167 — Fabrique de Gubbio. Très-beau plat creux à large bord
plat; peinture coloriée, rehaussée de reflets métalliques irisés, rouge, rubis et or, représentant le sujet
de la Ronde des amours, d'après Raphaël; au fond,
l'un d'eux fait danser les autres au son d'une double
flûte.

On trouve au revers les initiales Mᵒ...Gᵒ, qui sont celles
de Giorgio Andreoli, mieux connu sous le nom de Maestro
Giorgio, et le millésime de 1525.

*Diam. 278 millim.*

168 — Même fabrique. Plateau rond ; peinture coloriée rehaussée de reflets métalliques irisés, rouge, rubis et
or. Au revers, l'indication du sujet : *Bruto di Portia
sua lardie riprende,* et le millésime de 1535.

Collection Bernal.

Diam. 25 cent.

169 — Même fabrique. Petite coupe à piédouche ; au centre,
saint François en prières. Le bord est orné de feuillages légèrement en relief, émaillés en jaune à reflets d'or très-vif sur le fond bleu ; pièce remarquable
par la beauté de l'émail et par la vivacité des reflets
métalliques.

Collection de M. le baron de Saint-Pierre.

Diam. 22 cent.

170 — Même fabrique. Grande et belle coupe ronde, sur piédouche très-bas ; peinture coloriée, rehaussée de
reflets métalliques, représentant plusieurs épisodes
de la vie de Vulcain. Cette pièce porte au revers les
initiales de Maestro Giorgio et le millésime de 1534.

Diam. 30 cent.

171 — Fabrique de Gubbio. Plat rond, dont le centre creux
offre un amour tenant un arc et une flèche ; le large
bord est décoré de trophées d'armes sur fond bleu
rehaussé d'émaux à reflets rouges très-vifs.

Diam. 35 cent.

172 — Même fabrique. Plat rond, dont le centre creux offre un mascaron supportant un panier de fruits, et le bord des oiseaux fantastiques et des ornements variés, le tout décoré en bleu sur un fond jaune irisé et rehaussé d'émaux à reflets rouges.

*Diam. 28 cent.*

173 — Fabrique de Pesaro. Grand et magnifique plat rond et creux; le fond présente le buste d'une jeune fille élégamment vêtue à la manière italienne du temps; sur une banderolle dont les contours remplissent le champ, on lit : *Chi biene guida sua barcha arriva sempre in porto.* Le fond est imbriqué.

Ce beau plat est remarquable par l'éclat et le chatoiement des couleurs pourpre, or et azur nacrés dont il est nuancé.

Bordure en bois sculpté et doré en partie.
Il provient de la collection Soltykofff (n° 671).

*Diam. 40 cent.*

174 — Fabrique d'Urbino. Grand et beau plat rond, dont la peinture représente trois épisodes de la vie de Joseph et de Putiphar; au bas du sujet, on lit : *Felix qui potuit gravise terre rompere vincula.* Au revers se trouve le millésime MDXXXVII, une inscription et la signature de Fra Xanto da Rovigo.

*Diam. 45 cent.*

3

175 — Même fabrique. Très-jolie coupe ronde représentant le
Mariage de la Vierge. Composition d'après Raphaël,
dont un des assistants représente le costume et les
traits.

Nous attribuons cette coupe à Fra Xanta da Rovigo.

Bordure en bois sculpté et doré.

Diam. 30 cent.

176 — Même fabrique. Deux très-jolis plats décorés de sujets
très-finement peints, représentant, l'un : Neptune,
l'autre Amphitrite, portés sur les ondes. Superbe
émail.

Diam. 22 cent.

177 — Même fabrique. Petite coupe ronde présentant le buste
d'une jeune fille sur fond bleu. Sur une banderolle
on lit : CATERINA-BELLA.

Diam. 21 cent.

178 — Fabrique de Faënza. Grand et beau plat rond. Le fond
présente la figure de saint Jérôme agenouillé. Le
large bord plat est décoré de figurines, de vases et
d'arabesques en couleur, sur un fond jaune d'ocre.

Diam. 43 cent.

179 — Même fabrique. Petit plat rond, dont le fond présente
un personnage jouant de la viole. Le bord est orné

de grotesques et d'ornements divers décorés en couleur sur fond bleu.

Diam. 27 cent.

180 — Fabrique de La Frata. Grand et superbe plat d'engobe couvert d'enroulements d'une grande finesse, gravés en relief dans l'engobe; au centre, un ombilic armorié; quatre médaillons sont réservés au milieu des ornements et représentent des sujets religieux en relief.

Cette pièce est la plus fine et la plus belle d'exécution que nous ayons rencontrée de cette fabrique.

Diam. 46 cent.

181 — Fabrique de Faënza. Coupe d'accouchée, avec couvercle, décorée dans toutes ses parties de sujets ayant rapport à son emploi, et de bordures décorées de grotesques sur fond blanc.

Diam. 22 cent.; haut. 8 cent.

182 — Même fabrique. Charmante petite coupe ronde; le fond est décoré d'un sujet d'intérieur, et l'extérieur est orné de quatre amours voltigeant.

Diam. 16 cent.

183 — Fabrique de Pesaro. — Aiguière à large panse portant un blason en couleur; le reste du vase est décoré d'arabesques en blanc sur blanc.

Haut. 20 cent.

184 — Même fabrique. Vase de forme ovoïde à col droit et à quatre petites anses, décoré d'ornements irisés sur fond blanc.

Haut. 24 cent.

185 — Faïence de Perse. Très-beau plat creux, le fond décoré de larges fleurs en gros bleu, en vert et en bleu turquoise ; la bordure est enrichie d'enroulements et de fleurs bleues.

Diam. 35 cent.

186 — Même faïence. Plat de même forme que celui qui précède, décoré d'un médaillon et d'une bordure fond bleu avec fleurs en couleur et réservées en blanc, et entre-deux orné de fleurs sur fond blanc.

Diam. 39 cent.

187 — Même faïence. Autre plat décoré en plein de fleurs et de feuillages en couleur sur fond blanc.

Diam. 38 cent.

188 — Même faïence. Plat décoré de fleurs et d'ornements divers en bleu et vert, et rehaussés d'émaux rouges.

Diam. 35 cent.

189 — Même faïence. Très-joli vase en forme de bouteille à

long goulot, décorée de fleurs émaillées en vert et
en bleu, avec rehauts de rouge en relief.

Les cinq pièces qui précèdent sont remarquables par la
vivacité et la beauté des émaux qui les décorent.

Haut. 35 cent.

190 — Fabrique de Bernard Palissy. Joli plat ovale représentant un Jardin à l'italienne sur le devant duquel est
une femme assise tenant des fleurs; auprès d'elle
un vase orné de mascarons, rempli de fleurs; en ar-
rière, un paysan est occupé à faucher, et, auprès de
lui, deux femmes portent encore des fleurs.

Bord plat orné de rosaces blanches sur un fond bleu. Le
revers est jaspé.

Le sujet de ce plat, connu sous le nom de la *Belle Jardi-
nière*, est émaillé de belles couleurs.

Long. 35 cent.; larg. 27 cent.

191 — Même fabrique. Autre plat ovale à bord découpé; la
capsule du centre, en émail jaspé, est entourée de
godrons rayonnants émaillés en blanc et en brun,
séparés par des chaînettes décorées en bleu. Collection de M. le baron de Saint-Pierre.

Long. 31 cent.; larg. 23 cent.

192 — Fabrique de la suite de Bernard Palissy. Groupe de
deux figures : le Christ et la Samaritaine.

Haut. 16 cent.

193 — Même fabrique. Buste de Henri IV.

Haut. 14 cent.

194 — Faïence française. Pot à eau et sa cuvette, modèle Sèvres, décoré de figures sur fond blanc. Époque Louis XVI.

195 — Faïence de Delft. Corbeille de forme ronde à deux anses droites, et fleurettes bleues.

## ÉMAUX DE LIMOGES

196 — Très-belle coupe ronde, émail à paillon et colorié. La peinture représente le sujet de Jason offrant la toison d'or au dieu Mars et couronné par la Victoire. Cette composition, qui offre un grand nombre de personnages, est d'une exécution parfaite. Le revers est orné de mascarons et d'entrelacs d'un très-beau style. Elle porte la signature de J. D. C. (Jean de Court.) Sur le pied à peinture grisaille est représentée la marche de Sylène, peinture d'une beauté remarquable avec écusson armorié.

Elle provient du cabinet de M. Callet.

Haut. 15 cent.; diam. 255 millim.

197 — Autre coupe ronde, émail à paillon et colorié. La peinture représente le sujet de Moïse frappant le rocher, composition d'un grand nombre de figures. Le revers ainsi que le piédouche sont ornés de mascarons, de termes, d'entrelacs et de grotesques en grisaille teintée sur fond bleu. Elle porte les initiales J. C. (Jean Courtois.)

Collection de M. de Sivry.

Haut. 10 cent. ; diam. 23 cent.

198 — Coupe ronde et profonde, sur piédouche très-bas ; peinture en grisaille légèrement teintée. L'intérieur représente le sujet de l'enlèvement d'Hélène, ainsi que la signature P. CVRTEYS. L'extérieur est orné de mufles de lions et d'enroulements. Le dessous du pied fleurdelisé, porte en or les initiales P. C.

Haut. 7 cent. ; diam. 22 cent.

199 — Très-joli petit plat rond, peinture coloriée et à paillon représentant la Circoncision. Le bord est orné d'arabesques à animaux fantastiques, de mascarons, de fruits, de fleurs, et blasonné ; le tout rehaussé d'or, et d'une rare perfection d'exécution. Le revers, décoré d'entrelacs avec cariatides en grisaille teintée, porte le monogramme J. C. (Jean Courtois.)

M. de Laborde, dans sa *Notice sur les émaux du Musée du Louvre,* page 255, cite cette pièce comme une des plus parfaites que cet artiste ait produites. Elle provient des cabinets de MM. Préaux et baron de Saint-Pierre.

Diam. 24 cent.

200 — Cinq plaques, peintures en grisaille très-fines, par Pierre Raymond ; elles représentent des sujets de la passion : le Christ flagellé, la Présentation au peuple, le Portement de croix, le Christ mort et la Résurrection. Elles portent toutes le monogramme P. R. et trois d'entre elles le millésime de 1542. Bordures dorées.

Ces plaques proviennent de la collection de M. Dénon.

Larg. 12 cent.; haut. 15 cent.

201 — Plaque de forme carré long; peinture coloriée représentant l'intérieur d'une pharmacie de couvent, de la plus grande finesse d'exécution et d'une belle conservation. Signé I. L., et au revers, *Laudin au fauxbourgs De Magnine, à Limoges.* Large bordure en bois noir et moulures dorées.

Cette plaque provient du cabinet de M. Claret.

Long. 24 cent.; haut. 17 cent.

202 — Coffret de forme oblongue en bois de palissandre orné de cinq plaques en émail de Limoges ; peintures en grisaille. L'une d'elles représente Loth et ses filles, les quatre autres, divers sujets tirés de la vie d'Abraham.

Long. 24 cent.; larg. 15 cent.; haut. 17 cent.

203 — Médaillon ovale, peinture en émaux de couleurs et paillon. Portrait de Henri II, roi de France. Bordure en bois noir et moulures dorées.

Haut. 73 millim.; larg. 55 millim.

# VERRERIE VÉNITIENNE

204 — Gobelet à pied en verre bleu. La panse est décorée d'imbrications d'or, bordées de blanc et chargées de perles d'émail bleu. Le pied est semé d'or. Travail de la fin du xvᵉ siècle.

Ce vase provient des collections Debruge (nᵒ 1271) et baron de Saint-Pierre.

Haut. 20 cent.; diam. 10 cent.

205 — Gobelet rond évasé et sur piédouche en verre d'un beau bleu, à fleurs dorées, rehaussées d'émaux de couleurs variées; le culot est orné de feuilles découpées et retombant. Même époque.

Il provient de la collection Rattier.

Haut. 11 cent.; diam. 11 cent.

206 — Coupe en verre bleu, à pans, avec anse et rosaces en relief. La panse porte des traces de dorure.

Haut. 9 cent.; diam. 13 cent.

207 — Coupe basse en verre blanc très-léger, ornée au centre d'une large rosace de filets blancs à dessins variés; en dehors se trouvent des cercles concentriques ornés de filets blancs semblables. Le pied peu élevé est entièrement filigrané de blanc. XVI<sup>e</sup> siècle.

Diam. 20 cent.; haut. 8 cent.

208 — Deux petits plats dits *Cuppa Amatoria* en verre blanc léger; au fond de la cavité est un écusson émaillé aux armes de la Rovère, entouré d'un cercle d'or relevé d'émaux de couleur. Sur le bord du plat une bande d'or craquelé et orné d'arabesques. XVI<sup>e</sup> siècle.

Diam. 17 cent.

209 — Deux petits verres de forme très-élancée, à bosselage régulier.

210 — Deux autres verres sur pieds de forme analogue.

211 — Verre sur pied élevé formé de serpents enlacés émaillés de filets blancs et bleus. La coupe a été rapportée.

Haut. 26 cent.

212 — Verre analogue à celui qui précède; les serpents sont émaillés de filets blancs et rouges. La coupe a été rapportée.

Haut. 25 cent

213 — Petite coupe à boules émaillées bleu en relief et à deux
longs goulots très-minces. Cette pièce a été refixée
sur le pied.

Haut. 15 cent.

214 — Gourde à panse de forme sphérique, rehaussée de filets
d'émail blanc, et à goulot tordu à côtes et courbe.

Haut. 22 cent.

215 — Pied de coupe, forme balustre, en verre bleu à orne-
nements blancs en relief; le haut se termine en
forme de fleur.

Haut. 19 cent.

# VERRERIE DE BOHÈME

216 — Plateau de forme contournée, à filets dorés, et deux
burettes en verre taillé, montées à anses et pieds en
vermeil.

217 — Deux carafes en verre taillé et à sujets Watteau peints
en couleur.

218 — Gourde à rosaces en relief en verre bleu, vert et violet ; bouchon en argent.

219 — Gourde à panse côtelée et à fleurs-de-lis en relief.

220 — Verre à boire, gravé à blason.

# TROISIÈME VACATION



## ORFÉVRERIE

**221** — Vase ou reliquaire, formé de deux cylindres super-
posés en cristal de roche avec riche monture en argent ciselé, gravé et doré aux armes d'Autriche.
Sur le pied, dans quatre petits médaillons, sont représentées des divinités du paganisme.

Cette belle pièce provient de la collection de M. le baron de Saint-Pierre.

Haut. 33 cent.

**222** — Calice en argent doré en partie, de style gothique ; le
pied à huit lobes porte en relief le Christ en croix et
des rayons repoussés ; la partie supérieure du pied
est enrichie d'ornements dans le style ogival, repercés à jour et se détachant sur un fond d'émail bleu.
Le nœud, repoussé à glands et feuilles de chêne, est
orné de huits petits médaillons ronds contenant des

têtes de saints émaillées sur argent. Comme le pied, la coupe porte des rayons en relief.

La patène porte à son centre un médaillon gravé qui représente le Christ bénissant. Travail français du commencement du XVIᵉ siècle.

Haut. 22 cent.

223 — Monstrance en argent, avec cylindre horizontal en verre lisse et cylindre vertical taillé à pans; richement ornée d'architecture gothique et de gravure. Le nœud du pied porte des initiales gravées en creux, entourées de feuillages qui conservent des traces d'émail vert. Travail allemand.

Haut. 48 cent.

224 — Paix en argent, de style gothique, à ornements repercés à jour, et figurines en ronde-bosse.

Haut. 15 cent.

225 — Bénitier du temps de Louis XIII; la coupe a la forme d'une valve de coquille tridacne; au-dessus, l'enfant Jésus donnant sa bénédiction; le Saint-Esprit et le Père Eternel. Le tout en argent repoussé d'un travail très-fin, sur fond d'écaille, avec ornements en cuivre doré.

Cette pièce provient de la collection de M. le baron de Saint-Pierre.

226 — Belle trousse en forme de carpe en cuir gaufré ; elle
contient six couteaux et six fourchettes à manches
carrés enrichis de plaques d'argent finement niellées,
à trophées d'armes, attributs divers, inscriptions, et
portant le blason des Médicis. La monture en cuivre
doré est enrichie d'ornements très-fins dans le style
de la Renaissance.

227 — Couteau et fourchette à découper, de même modèle.

228 — Coupe de forme ronde et montée sur piédouche en argent repoussé et doré en partie. L'intérieur de la
coupe offre le sujet de l'enlèvement d'Europe. Travail allemand du XVIIᵉ siècle.

Haut. 14 cent. ; diam. 25 cent.

229 — Coupe de mêmes style, époque et travail. Elle offre à
l'intérieur le sujet d'Argus et de Mercure.

Haut. 13 cent. ; diam. 21 cent.

230 — Vase à boire en forme de hibou ; le corps est formé
d'un coco sculpté ; les ailes mouvantes, la tête et les
pattes sont en argent, les yeux sont ornés de deux
grenats. Travail allemand du XVIIᵉ siècle.

Haut. 16 cent.

231 — Cantine de voyage en vermeil ciselé et gravé, à bustes,

médaillons et ornements divers. Elle se compose
d'une écuelle couverte et son plateau, d'une coupe
de forme contournée et montée sur piédouche, d'une
pièce de milieu servant de sucrier et de salière, d'un
coquetier, d'une petite boîte pour le sucre en poudre,
d'un couvert complet et de deux petites cuillers. Il
se trouve en plus dans l'étui une théière, un pot à
crême et deux tasses en ancienne porcelaine de Saxe,
fond blanc et décors d'or dans le style chinois (l'une
des soucoupes a été refaite); deux flacons et deux
godets en verre de Bohême gravé. Les bouchons des
flacons ainsi que le couvercle d'un verre taillé à
pans sont en vermeil. Travail allemand du temps de
Louis XV, dans le style de Boule.

232 — Grand vase à boire, monté sur piédouche, et à couvercle, en argent gravé et à mascarons en relief. Le
couvercle est surmonté d'une figurine d'amour soutenant un blason, et le vase porte une inscription
allemande.

Haut. 35 cent.

233 — Autre vase à boire en vermeil repoussé à nœud et ornements divers; le couvercle est enrichi de deux
petites anses découpées, et le bouton est formé par
un groupe de fleurs.

Haut. 36 cent.

234 — Vase à boire en argent repoussé, en forme d'ananas; le

pied est formé d'un tronc d'arbre sur lequel se trouve une petite statuette de bûcheron.

Haut. 33 cent.

235 — Petite coupe en vermeil; elle est en forme de coquille et repose sur un pied à ornements en forme de consoles, avec base repoussée à fleurs.

Haut. 24 cent.

236 — Gobelet couvert en vermeil reposant sur trois boules; la panse et le couvercle sont enrichis d'ornements repoussés en spirale et d'une frise d'arabesques gravés sur un fond pointillé. Le bouton du couvercle est formé d'une sphère unie.

Haut. 19 cent.

237 — Sucrier en argent; il est en forme de vase, à panse droite, à rosaces et ornements gravés; et à bustes en relief. Travail français du temps de Louis XIV.

Haut. 16 cent.

238 — Deux haut-reliefs ovales en argent; ils représentent Henri IV et Louis XIII à cheval, exécutés de haut relief, sur un fond de paysage où l'on distingue des places fortes et des corps d'armée. Ouvrage très-fin.

Ils sont montés sur des socles carrés en bois noir.

Haut. 9 cent.

4

239 — Petit vidrecome en vermeil repoussé à ornements, et à anse ciselée à perles. Travail allemand.

Haut. 12 cent.

240 — Petit plateau ovale en argent repoussé; bordure à fleurs et rinceaux; au centre, trois figurines d'amours. Travail allemand du temps de Louis XV.

Long. 25 cent.; larg. 21 cent.

241 — Sucrier de forme ovale en argent repoussé, à fleurs, oiseaux et ornements divers, et à deux anses plates en argent ciselé et repercé à jour. Travail allemand du temps de Louis XV. Il est accompagné d'une cuiller de même métal, dont le manche est surmonté d'une statuette de l'Espérance. Même nationalité, mais plus ancien de travail.

242 — Deux flambeaux Louis XV en argent repoussé.

Haut. 26 cent.

243 — Couvert en vermeil ciselé, à ornements et bustes dans le style de Boule. La lame du couteau est en acier. Travail allemand. Étui en cuir rouge gaufré à fleurs.

244 — Couteau et fourchette à manches en argent, formés d'un lion et d'une lionne debout soutenant un écusson à blason.

245 — Couteau à découper de même style.

246 — Salière de forme ronde en argent repoussé, à fleurs et
ornements dorés; pieds à mufles de lion.

247 — Ciseaux en argent, à deux figures agenouillées et ornements repercés à jour.

248 — Petite tasse en argent émaillé, à deux anses et soucoupe en filigrane d'argent, portant en relief des
animaux chimériques et des ornements divers
émaillés. Travail chinois.

249 — Cinq petites cuillers en argent doré en partie.

250 — Rasoir à manche en argent ciselé, à tête d'oiseau et
ornements divers.

251 — Deux pièces : Couteau à manche d'écaille posée d'argent et fourchette à manche en nacre et argent.

252 — Très-belle garniture de livre en argent doré, enrichie
de très-beaux ornements, de rinceaux, d'animaux
et de feuillages finement ciselés et repercés à jour.
Époque Louis XIII.

**252** *bis* — Deux petites figurines en argent doré : saints personnages debout.

# MATIÈRES PRÉCIEUSES & BIJOUX

**253** — Lapis lazuli. Les cinq ordres d'architecture figurés par des colonnes avec bases et corniches en lapis lazuli ; les chapiteaux, couronnements et filets qui les décorent sont en or du travail le plus précieux.

Ces pièces de haute curiosité ont été exécutées, sur les ordres de la reine Marie-Antoinette, par Drais, orfévre de la cour.

Elles reposent sur un socle et un contre-socle en porphyre rouge oriental.

Haut. de chaque colonne, 19 cent.

**254** — Cristal de roche. Jolie coupe ronde et à six lobes, à ornements finement gravés du xvie siècle ; le piédouche et les deux anses, en argent doré en partie, sont d'un travail postérieur.

Haut. 19 cent. ; diam. 188 millim.

**255** — Cristal de roche. Charmante petite statuette : la Vierge debout et l'Enfant Jésus ; elle tient d'une main une branche de lis en argent doré et émaillé.

Haut. 16 cent.

256 — Cristal de roche. Deux flambeaux à bases côtelées en spirale et pièces d'enfilage taillées à ornements; ils sont montés en cuivre ciselé et doré.

Haut. 24 cent.

257 — Cristal de roche. Deux chimères reposant sur de larges bases carrées. Travail chinois.

Haut. 16 cent.

258 — Très-jolie bague du XVI<sup>e</sup> siècle en or émaillé et à mascarons et enroulements ciselés en relief; le chaton est orné d'un diamant table et d'un rubis juxtaposés.

259 — Médaillon ovale, à double face, en cuivre gravé et doré et filet d'argent; il contient les portraits finement gravés de François I<sup>er</sup> et d'Éléonore.

260 — Très-joli coffret de forme carrée, à angles arrondis et rentrants, en écaille incrustée de figures et de monuments en nacre de perles gravée et à ornements et sujets divers en posé et piqué d'or. Travail napolitain du temps de Louis XIV.

261 — Petite balance en cuivre gravé et doré, et en acier finement travaillé.

262 — Joli couteau du XVI<sup>e</sup> siècle; le manche est en agate ru-
bannée et la virole en fer avec ornements de rapports
en argent.

263 — Cristal de roche. Tabatière de forme contournée à
cuvette et couvercle gravés, à ornements en relief,
de style rocaille; monture à gorge en or. Travail du
temps de Louis XV.

264 — Lapis lazuli. Petite boîte en forme de drageoir, composée de deux plaques de lapis, montées en or.
Époque Louis XV.

265 — Charmante tabatière en ancienne porcelaine de Saxe,
à sujets dans le style de Watteau; monture à gorge
en vermeil.

266 — Tabatière ovale en écaille, enrichie de médaillon, bordure et insectes en posé d'or et d'argent. Époque
Louis XV.

267 — Bonbonnière ronde en écaille blonde, à pois d'or incrustés, montée à galons en or; le couvercle orné
d'une petite miniature ovale; portrait de femme que
l'on croit être M<sup>me</sup> de Pompadour. Époque Louis XV.

268 — Petit coffret en agate d'Allemagne, en forme de malle, monté en argent gravé.

269 — Belle montre de Lépine, horloger du Roy, en or de couleur ciselé ; elle est à répétition et à deux cadrans émaillés marquant les heures, les quantièmes, les jours, les mois, etc. Époque Louis XV.

270 — Couvert en cuivre doré ; les manches de la fourchette et du couteau sont en ancienne porcelaine de Saxe, à sujets, dans le style de Watteau. Époque Louis XV.

271 — Étui en vernis de Martin, avec oiseaux en couleur sur fond d'or.

272 — Médaillon rond émaillé blanc et bordure bleue ; il porte en caractères dorés microscopiques, la *Marseillaise*, paroles et musique. Il est signé au revers : *Dubuisson pinxit. janv.* 1793.

Diam. 5 cent.

273 — Couvercle de tabatière de forme ronde, en ancienne porcelaine de Saxe, portant sur ses deux faces des sujets dans le style de Watteau ; il est monté en médaillon en cuivre doré.

274 — Petite figurine de génie debout, en argent doré, provenant d'un couvercle de vidrecome.

275 — Deux pièces : Petit reliquaire en argent, émaillé à fleurs et ornements blancs sur fond noir, contenant une petite figurine en argent ciselé et cassolette en forme d'œuf en argent.

276 — Trois pièces : 1° Bouton en jade, formé d'oiseaux et de fleurs, repercés à jour; 2° Intaille sur cornaline, la Vierge et l'Enfant Jésus; 3° Pomme de canne en ambre.

## PIERRES GRAVÉES

277 — Cornaline; intaille finement gravée. Tête d'homme barbu. Travail antique grec. Montée en bague or.

278 — Cornaline à deux couches. Camée : tête de femme, coiffure formée d'une femme couchée, etc. Travail antique grec très-fin. Montée en bague or.

279 — Onix oriental; intaille. Figurine debout. Travail antique. Montée en bague en or.

280 — Cornaline; intaille. Tête d'homme barbu. Montée en
bague en or.

281 — Cornaline; intaille. Minerve debout. Montée en bague
en or.

282 — Onix oriental; intaille. Personnage assis. Travail antique. Montée en bague en bas or.

283 — Calcédoine à deux couches. Camée. Tête de femme
blanche sur fond verdâtre. Montée en bague en or.

# MÉDAILLES & MONNAIES

284 — Grande médaille de Syracuse, en argent; au revers
une tête de cheval. Elle est montée en épingle d'or,
et a appartenu au peintre David.

285 — Deux médailles d'or, l'une de Faustine, l'autre portant
une tête de femme, et au revers un cheval.

286 — Cinq médailles antiques, dont trois en argent et deux
en billon.

287 — Trois médailles d'argent, l'une du xvi⁰ siècle, les autres portant les bustes de Newton et de Milton.

288 — Pièce de 20 francs en or, de l'an ix, frappée à l'occasion de la bataille de Marengo.

# MINIATURES

289 — Van Blarenberghe. Charmant petit médaillon de forme oblongue, présentant une vue de parc animé par un certain nombre de personnages. Bordure en or, émaillée d'un filet bleu.

290 — Duchesne de Gisors, 1812. Portrait de l'empereur Napoléon I⁰ʳ. Miniature ovale sur ivoire.

291 — Duchesne de Gisors, 1827. Portrait de madame la duchesse de Berry; très-belle miniature d'après nature, de forme carrée angles coupés, sur ivoire. Bordure fleurdelisée en cuivre doré.

292 — Du même. Autre portrait de madame la duchesse de Berry, costume différent. Miniature ovale sur ivoire.

293 — Du même. Deux portraits d'après nature, représentant les Enfants de France : le duc de Bordeaux et Louise de Berry. Charmantes miniatures sur ivoire dans une seule bordure carrée en bronze doré fleurdelisé. Ces portraits sont accompagnés de deux mèches de cheveux desdits personnages.

294 — Du même. Etude au crayon ayant servi pour le portrait de madame la duchesse de Berry.

295 — Portrait de l'empereur Napoléon I<sup>er</sup>, signé Saint. Miniature ovale sur ivoire.

296 — Portrait de Charlotte Corday. Miniature ronde sur ivoire, portant le monogramme B. et la date de 1795.

# QUATRIÈME VACATION



## OBJETS BYZANTINS

297 — Petite châsse en cuivre doré, à couvercle en dôme, enrichie de chatons de verre imitant les pierres précieuses, et portant en relief des médaillons et des figurines émaillées. Travail du xiiie siècle.

> Long. 14 cent.; haut. 14 cent.

298 — Croix en cuivre émaillé, portant sur une de ses faces le Christ en croix, sur l'autre, l'Agneau pascal et des ornements gravés et dorés. Travail du xiie siècle.

299 — Galerie en cuivre doré, provenant de la crête d'une châsse du xve siècle. Elle est formée d'entrelacs et d'animaux chimériques du plus beau style et d'une exécution remarquable.

Elle provient, dit-on, de la crête de la châsse de Cologne.

> Long. 60 cent.

# ARMES & FERS OUVRÉS

300 — Très-jolie arbalète du XVIᵉ siècle; la monture en bois richement ornée d'arabesques en ivoire gravé, du plus beau style.

301 — Très-beau pommeau d'épée italienne, du XVIᵉ siècle, en bronze doré. Il est orné de deux bas-reliefs de la plus grande finesse d'exécution, représentant des sujets mythologiques.

Il provient du cabinet de M. Visconti.

302 — Autre joli pommeau d'épée, offrant en fer ciselé de ronde-bosse, le groupe de saint Michel terrassant le Dragon.

303 — Magnifique serrure en fer forgé et ciselé, du XVᵉ siècle, représentant une façade d'église décorée de fenêtres, de rosaces et de niches surmontées de dais et contenant des figurines de saints. Il est impossible de rien voir de plus beau et de plus parfait que cet objet d'art, dont les dentelles de fer sont comparables aux plus fines œuvres de l'orfévrerie.

Elle provient de la collection de M. d'Espaulard, du Mans.

304 — Petit coffret du xvi^e siècle, en fer, à ornements et arabesques dorés et argentés. Bonne conservation.

305 — Clef en fer à rosace repercée à jour. Travail du xvi^e siècle.

306 — Deux poignards, modèle dit Kathar; l'un est incrusté d'argent et l'autre est à double lame. Travail de l'Inde.

Ils proviennent de la collection du général Ventura.

## OBJETS DIVERS

307 — Petit vase à une anse en cuivre, entièrement couvert d'ornements finement gravés, incrustés de filets d'argent. Travail vénitien du xvi^e siècle.

Haut. 185 millim.

308 — Très-grand plat en cuivre jaune repoussé à figures animaux et ornements.

Collection Elwès.

Diam. 91 cent.

309 — Très-jolie miniature du xvie siècle, sur vélin. Elle représente deux figures d'homme et de femme tenant un cœur, peintes en couleur sur fond bleu ; au-dessus des figures principales, se trouve un cartouche contenant deux cœurs enlacés; au pourtour, sur un fond d'or, se trouvent des bouquets de fleurs et des médaillons carrés portant des inscriptions et des vers en vieux français. Très-riche bordure à fronton et à colonnes détachées, en bois sculpté, à figures et ornements divers en relief dorés sur fond bleu.

Larg. 43 cent. ; haut. 68 cent.

310 — Joli missel du xve siècle, enrichi de seize grandes miniatures, de bordures et de lettres majuscules en couleur, rehaussées d'or. Il est suivi d'un grand nombre de prières et dialogues écrits en vieux vers français.

311 — Autre missel du xve siècle, enrichi de quinze belles miniatures, bordures et letttres majusles en couleur, et rehaussées d'or.

312 — Coffret en cuir rouge, à tiroirs et à compartiments; il est garni d'ornements et de mascarons en relief en cuivre doré. Travail du xvie siècle.

313 — Très-beau coffret en bois des îles, richement incrusté d'ivoire, représentant des fleurs ; poignées, écoinçons et garnitures, en argent ciselé.

314 — Joli miroir de forme carrée, à large bordure en bois
d'ébène à moulures guillochées, garni d'ornements
et de mascarons en cuivre ciselé et doré. Travail de
la fin du xvi<sup>e</sup> siècle.

Larg. 44 cent. ; haut. 48 cent.

315 — Autre miroir de forme carrée, à angles coupés avec
bordure et fronton en cuivre ciselé et doré. Époque
Louis XIII.

316 — Coffre de forme oblongue garni de ses ferrures dorées;
il porte le blason de Philippe II d'Espagne, peint
sur parchemin.

317 — Baromètre et thermomètre reposant sur des socles à
gorges, en ébène incrusté de filets de cuivre et gar-
nis d'ornements gravés sur cuivre.

318 — Très-jolie petite boîte de forme sphérique aplatie, en
ancien laque du Japon, fond d'or à arbrisseaux en
or de couleur; à l'intérieur, se trouve un petit plateau décoré d'un buffle et d'un personnage portant
des bottes de paille, en or de couleur sur fond aven-
turiné. Très-belle qualité.

Diam. 9 cent.

5

**319** — Deux jolies cassolettes en laque ancien du Japon, décorées de paysages montagneux; montées en bronze doré, du temps de Louis XIV.

**320** — Gourde en forme de bouteille, en grès de Flandres, à blasons et ornements émaillés en bleu et violet sur fond gris.

**321** — Chien en terre cuite peinte, par Vassalo.

**322** — Petite lanterne en ferblanc. Époque Louis XIII.

# HORLOGES & PENDULES

**323** — Très-jolie horloge à poids du XVI<sup>e</sup> siècle, à dix cadrans, en cuivre gravé, ciselé et doré; les angles sont ornés de colonnes corinthiennes, et son dôme, enrichi d'ornements et d'oiseaux repercés à jour, est flanqué aux angles de têtes de chevaux et surmonté d'une petite figurine de femme debout.

Elle repose sur un socle de forme monumentale en ébène incrusté de nacre et enrichi de médaillons en cuivre doré, portant des bustes en relief et des inscriptions latines expliquant le moyen de comprendre le but de chacun des cadrans. Cette pièce provient du duc d'Aremberg.

Haut. de l'horloge, 30 cent.; totale, 1 mètre.

324 — Grande et très-belle pendule, de forme monumentale, en écaille incrustée de figures en marqueterie de nacre et de cuivre gravé, très-richement garnie d'ornements et de figures en argent repoussé. Elle est surmontée d'un dôme soutenu par de petites colonnes en ancienne porcelaine de Saxe, sous lequel se trouve une statuette de guerrier flagellant un amour; le fronton de ce dôme présente le portrait d'Anne d'Autriche peint sur émail et monté dans un médaillon couronné soutenu par deux figurines de génies ailés en argent repoussé.

Cette pièce provient du château de Saint-Germain.

Haut. 80 cent.

325 — Autre grande et belle pendule, de forme monumentale, en écaille, très-richement garnie de bas-reliefs, de bustes, de figurines, de vases de fleurs et d'ornements divers en argent repoussé et doré en partie; elle est ornée, de plus, de colonnes détachées et forme cabinet. Elle repose sur un grand socle de travail et d'ornementation analogues qui contient deux tiroirs et une tablette pour les jeux d'échecs et de tric-trac.

Comme la pièce qui précède, elle provient du château de Saint-Germain.

Haut. 1 mètre.

326 — Pendule en écaille à colonnes, richement garnie d'ornements en argent repoussé. Époque Louis XIII.

327 — Petite pendule en ébène du temps de Louis XIII, ornée
de colonnes et garnie en cuivre doré.

328 — Réveil du temps de Louis XIV, en cuivre doré et ornements en argent ciselé.

329 — Grand régulateur en marqueterie des trois parties, le
haut en forme de pendule dite religieuse, à colonnes détachées; il est garni de bronzes dorés. La
partie supérieure porte un blason de cardinal.
Époque Louis XIV.

Haut. 2 mèt. 35 cent.

330 — Joli régulateur de Gille, à Paris, en acajou, présentant sur sa face une colonne cannelée; il est garni
de rosaces et d'ornements divers en bronze ciselé et
doré au mat. Époque Louis XVI.

Haut. 1 mèt. 75 cent.

# PORCELAINES DIVERSES

331 — Très-joli cabaret en porcelaine de Sèvres, pâte tendre,
ancien décor, fond vert, orné de médaillons à sujets
d'enfant, avec attributs pastoraux, de la plus belle
qualité; composé d'un plateau oblong, une tasse
avec sa soucoupe et un sucrier.

332 — Deux vases fond bleu de roi, porcelaine de Sèvres, pâte tendre, ancienne qualité, monture en bronze doré. Époque Louis XVI.

333 — Belle assiette en porcelaine de Chine dite coquille d'œuf, offrant au milieu une peinture très-fine, représentant un sujet de la vie privée, dont tous les détails exécutés avec soin sont rehaussés d'or ; le bord est orné de médaillons de fleurs réservés sur un fond rose à treillis noir.

334 — Autre assiette de même qualité, à décor de fleurs et papillons.

335 — Autre belle assiette de même qualité, décorée d'une peinture très-fine représentant une jeune femme entourée d'enfants ; auprès d'elle une table en bambou est chargée d'ustensiles divers ; le bord est d'une grande richesse d'ornementation ; tous les détails rehaussés d'or sont d'une perfection rare ; le revers est émaillé en rouge violacé.

336 — Autre assiette à peu près semblable.

337 — Deux lapins élevés sur des rochers, porcelaine de Chine, d'une décoration très-riche, disposée par com-

partiments dont chacun offre des ornements variés. Très-belle qualité. Ils proviennent de la vente de la duchésse de Montébello.

338. — Deux petits vases en porcelaine céladon rouge, montés en bronze doré.

339 — Beau vase, forme bouteille, à deux petites anses, en porcelaine céladon bleu turquoise de la plus belle qualité ancienne, dont le décor est placé sous l'émail ; pièce remarquable et d'une réussite parfaite.

340 — Bol en ancien craquelé truité, avec belle monture à deux anses en argent. Époque Louis XV.

341 — Petite chimère en céladon bleu turquoise sur piédestal émaillé en violet ; spécimen d'une rare beauté de cette précieuse porcelaine.

342 — Deux tasses avec les soucoupes, à côtes saillantes et décor de fleurs, ornées de petits médaillons à sujets sur fond rouge. Porcelaine du Japon.

343 — Grand plat en porcelaine de Saxe, décoré d'oiseaux légèrement en relief ; le bord est décoré de papillons avec dentelle d'or.

344 — Tasse en porcelaine de Chine décorée de personnages.
L'intérieur offre une figurine mobile qui s'élève
lorsqu'on l'emplit de liquide.

345 —. Douze petites cuillers à café en porcelaine de Saxe
ornées de sujets dans le style de Watteau.

346 — Sucrier en porcelaine de Saxe orné de sujets de marine très-finement peints. Il est fracturé.

347 — Deux compotiers ronds décorés de bouquets roses, en
porcelaine de vieux *Chelsea*.

348 — Deux cigognes en porcelaine de Chine, qualité ancienne, avec monture rocaille en bronze doré.

349 — Vase de nuit en porcelaine de Chine décoré de fleurs.

350 — Bol en biscuit de Wedgwood, fond bleu à relief blanc.

351 — Plateau losange en porcelaine d'Allemagne, orné d'un
sujet pastoral : un magicien dit la bonne aventure à
une jeune fille qui lui présente sa main ouverte
pour en interpréter les plis. Peinture très-fine.

352 — Théière à six pans en terre de boccaro émaillée.

# MEUBLES & BRONZES DORÉS

353 — Grande table à deux rallonges, en bois sculpté du
xvi^e siècle, supportée par deux piliers à balustres et
doubles consoles, ornés de mascarons et de figures
de sirènes ; la traverse d'entre-jambes est garnie de
colonnettes surmontées d'arcades.

354 — Table élevée, en bois d'acajou sculpté et découpé à
jour, très-riche d'ornementation, dans le style de
Louis XV. Travail allemand très-soigné.

355 — Commode du temps de Louis XIV, en marqueterie de
Boule, sur écaille rouge, enrichie de fleurettes et de
mascarons de couleurs.

    Ce beau meuble est orné de bronzes dorés, le dessus
en marbre vert de mer.

356 — Meuble en bois noir orné de bronzes ; la porte et les
côtés sont en glace.

357 — Commode italienne de l'époque de Louis XIII, en marqueterie de bois de palissandre, décorée d'arabesques et de médaillons à sujets représentant les arts
libéraux, incrustation en ivoire gravé, d'un très-
bon travail.

358 — Grand coffre avec porte abattante, renfermant de nom-
breux tiroirs décorés de colonnettes torses en ivoire
et de moulures dorées. La ferrure du meuble est en
fer découpé et doré. Travail espagnol.

359 — Chiffonnier garni de neuf tiroirs, en marqueterie de
bois, à quadrilles et fleurons, orné de bronzes dorés.
Époque Louis XVI.

Haut. 1 mèt. 50 cent.; larg. 40 cent.

360 — Grand secrétaire à cylindre en bois d'acajou, orné de
bronzes dorés. Époque Louis XVI.

361 — Petit pliant à dossier, en bois sculpté, orné d'un bas-
relief représentant la Samaritaine. Travail allemand
du xvii siècle.

362 — Bahut gothique en bois sculpté avec panneaux à ogi-
ves très-fins; il est garni de ses serrures et char-
nières en fer découpé et doré.

363 — Jolie petite table à ouvrage, du temps de Louis XV, en
marqueterie de bois à fleurs garnie de bronzes dorés et enrichie de deux plaques en porcelaine de Sèvres, pâte tendre à médaillons de fleurs.

361 — Meuble à hauteur d'appui, fermant à trois portes pleines, en marqueterie de bois de rose orné de bronze, avec dessus de marbre.

Haut. 88 cent.; larg. 1 mèt. 50 cent.

365 — Jolie chaise Louis XVI, en bois d'acajou; le dossier est orné d'un caducée et de bronzes dorés.

Haut. 88 cent.; long. 1 mèt. 35 cent.

366 — Console en bois de chêne sculpté, le dessus en marbre brèche de Sicile, avec bordure en marbre blanc.

Haut. 84 cent.; larg. 1 mèt. 20 cent.

367 — Très-belle commode ancienne du temps de Louis XIV, en bois de placage, ornée de bronzes très-riches, avec dessus de marbre rans.

368 — Grand fauteuil en bois d'acajou sculpté; le dossier est découpé à jour; ce meuble forme marche-pied de bibliothèque.

369 — Écran du temps de Louis XIV, en bois sculpté et doré.

Il provient du château de Berci.

370 — Petit fauteuil en bois sculpté foncé en canne.

371 — Très-beau lit à baldaquin, en bois de palissandre sculpté, d'une grande richesse d'ornement et d'une bonne exécution. Travail allemand du temps de Louis XV.

> Haut. 2 mèt. 20 cent.; long. 2 mèt.; larg. 1 mèt.

372 — Jolie table de nuit du temps de Louis XVI, en marqueterie de bois rose, ornée de bronzes finement ciselés et dorés.

373 — Miroir à biseaux, dans son cadre en bois de noyer sculpté.

374 — Très-belle table de milieu de galerie, en mosaïque ancienne de Florence, richement montée en bronze doré. Le dessus, de forme octogone, offre au centre un riche blason soutenu par des griffons, et au pourtour huit compartiments de fleurs avec oiseaux, le tout exécuté en matières précieuses et d'une exécution remarquable.

> Haut. 89 cent.; diam. 1 mèt. 11 cent.

375 — Bureau à pieds de biches en marqueterie de cuivre sur

écaille rouge ; le dessus est marqueté en plein. Époque Louis XIV.

375 — Grande et belle chaise longue du temps de Louis XV, forme dite Pompadour, ornée de sculptures fines et ayant les contours les plus gracieux ; elle est couverte en satin broché à fleurs, du plus bel effet.

377 — Lustre à dix-huit lumières de cristal de roche, monté en bronze doré.

378 — Beau meuble à deux corps en bois sculpté, du XVI⁰ siècle, d'une ornementation très-riche de détail ; il est bien conservé.

379 — Grande table à pieds tors, en bois de chêne ; le dessus est en marbre brèche de Sicile, d'une qualité rare.

380 — Très-joli petit bureau à dos d'âne à quatre faces, en marqueterie de bois richement garni de bronzes dorés. Époque Louis XV.

381 — Couvre-pied en satin blanc, avec applications de fleurs en étoffe de Perse.

382. — Très-belle paire de feux du temps de Louis XVI, formés par des enfants, se terminant par des rinceaux
de feuillages. Bronze doré très-bien ciselé.

383 — Lustre modèle de Boule, à six lumières, d'une bonne
exécution, en bronze doré.

384 — Petit lustre de la fin du $XVI_e$ siècle, à six lumières, en
bronze doré; les deux extrémités de la colonne sont
ornés de fleurs-de-lis.

Il provient du château de Pau.

385 — Pelle et pincettes du temps de Louis XVI, garnies de
bronzes finement ciselés et dorés.

386 — Paire de flambeaux à tiges triangulaires en bronze
doré. Époque Louis XIV.

387 — Autre paire de flambeaux à tige hexagone. Même
époque.

388 — Deux jolis candélabres à trois lumières; ils sont formés
de figurines de Chinois et de Chinoise en bronze,
reposant sur des socles rocaille en bronze doré à
fleurs et lézards en relief. Les bobèches sont placées à l'extrémité d'une branche d'arbre à feuillages
verts. Époque Louis XV.

389 — Très-belle harpe, dont le montant est en bois très-finement sculpté et doré ; la volute est soutenue par une cariatide de femme. Époque Louis XVI.

Elle a appartenu à la reine Hortense.

390 — Pente ou garniture de cheminée en tapisserie au petit point, à fleurs et animaux. Époque Louis XIII.

TABLEAUX

# DESSINS, AQUARELLES

ET ESTAMPES

# CINQUIÈME ET SIXIÈME VACATIONS



---

# TABLEAUX

## BONINGTON

**1 — Paysage de forme ovale.**

## BOTH (Jean)

**2 — Paysage avec ruines,** par le devant deux ânes
dont un monté par une paysanne. Tableau sur bois
signé : Jean Both.

## CORNELITZ (Jacques)

**3 — La Glorification de la Vierge.** Tableau gothique admirablement peint représentant la Vierge en
pied tenant l'enfant Jésus dans ses bras ; elle est entourée d'anges et plane dans les nuages. (Sur bois.)

## DURER (Albert)

**4 — Portrait de Frédéric, électeur de Saxe.** Il porte le monogramme de l'artiste et a été gravé par lui. (Sur bois.)

## GIOTTO (Angiolo dit Bondone.)

**5 — Tryptique** représentant au milieu la Vierge et l'enfant Jésus entourés de saints et d'anges; sur le volet gauche l'ange Gabriel et l'adoration des Rois, sur le volet droit la Vierge et le Christ en croix. Très-bien conservé.

## GREUZE (J. B.)

**6 — Petit portrait d'enfant ressemblant à Louis XVII.**

## GREUZE (Ecole de)

**7 — Jeune homme** vu à mi-corps ayant sa tête appuyée sur une chaise.

## GROS (le baron)

**8 — Le général Bonaparte à cheval passant une revue;** il est suivi de son état-major parmi lequel on distingue le général Berthier. Tableau de la plus belle qualité portant la signature de l'artiste.

## HOLBEIN (Hans)

**9 — Portrait de Horace Moro.** Charmant tableau d'une grande finesse. (Sur bois.)

## HONDERKOETER (M. d')

**9 bis —** Aigle planant dans les airs et poursuivant une hirondelle.

## INCONNU

**10 — Portrait d'un savant anglais,** probablement *Spielman.* Petit tableau d'une finesse remarquable. (Sur cuivre.)

## INCONNU

**11 — Portrait d'un personnage du XIV<sup>e</sup> siècle.**
Très-belle miniature.

## INCONNU

**12 — Portrait de Marie Stuart,** reine d'Écosse et de
France. Tableau très-curieux de l'école française du
XVI<sup>e</sup> siècle.

## INCONNU

**13 — Tête de Christ.** (Sur cuivre.)

## INCONNU

**14 — Samson et Dalila.** (Sur ardoise.)

# INCONNU

**15 — Tableau représentant les droits de l'homme;** il se trouvait dans la salle de la Convention.

# LYDE (Lucas de)

**16 — L'Arracheur de dents.** Petit tableau très-finement peint portant le monogramme de l'artiste et la date 1523.

# LUINI (Bernardino)

**17 — La Vierge et l'enfant Jésus.** Magnifique tableau. (Sur bois.)

# MAAS (Nicolas)

**18 — Portrait de la mère de Rembrandt ;** elle est assise à côté d'un métier à dentelle. Chef-d'œuvre du maître.

## MANTEGNA (Andrea)

**19 — Saint Michel terrassant le démon et sainte Appoline portant les instruments de son supplice.** Deux figures en pied d'une grande finesse d'exécution, provenant d'une châsse qui se trouvait à Padoue.

## RAGNOLI

**20 — Portrait d'homme de forme ovale.**

## RAPHAEL (Sanzio)

**21 — Tête de saint Michel.** Étude de Raphaël pour le sujet où ce grand maître a représenté saint Michel terrassant le démon. Ce morceau précieux où l'on trouve quelques changements dans la coiffure et dans les ajustements, a été rapporté d'Italie par Israël Silvestre. Il est peint sur papier collé. (Sur bois.)

## REMBRANDT (Paul)

**22 — Portrait de Rembrandt.** Il est en habit de couleur cramoisie et enveloppé d'un manteau garni de fourrure, sa tête est couverte d'un bonnet noir. Ce magnifique tableau provient des collections du comte de Carrisfort et Samuel Rogers.

## RUBENS (Pierre-Paul)

23 — **Apollon poursuivant Daphné.** (Sur bois.)

## DEL SARTE (André)

24 — **La sainte Famille.** Très-beau tableau de forme ronde ; il a été gravé par Callot.

## VELDE (Guillaume Van)

25 — **Mer par un temps calme,** marine animée de vaisseaux et chaloupes.

## WATTEAU (Antoine)

26 — **Jeune femme se balançant.** (Sur bois.)

# DESSINS

## BONINGTON

1600 · 27 — **Vue de la place Saint-Marc et du palais Ducal à Venise.** Superbe aquarelle. (Collection *Van Os.*)

## BOUCHER (Françoise)

470 · 28 — **Portrait de femme.** Ravissant dessin d'une grande fraîcheur, à plusieurs crayons.

## CHARLET (T.)

36 · 29 — **L'Empereur Napoléon à cheval.** Charmant dessin à la mine de plomb, avec quelques lignes autographes et la signature de Charlet.

## DAVID (Louis)

40 · 30 — **Portrait du pape Pie VII,** à la plume ; au verso des notes autographes.

## DAVID (Louis)

31 — Croquis au crayon pour le **serment du jeu de Paume.**

## DURER (Albert)

32 — **Tête de femme de grandeur naturelle.** Magnifique dessin au crayon sur papier teinté portant le monogramme du maître et la date 1521.

## VAN DYCK (Ecole de)

33 — **Portrait d'homme cuirassé,** à la sépia, la tête non terminée.

## ECKHOUT (Vanden)

34 — **Portrait de jeune homme coiffé d'un chapeau.** Charmant dessin à la sépia. (Collection de Claussin.)

## GREUZE (J. B.)

**35 — Le Paralytique.** Superbe étude à la sanguine, pour le tableau du paralytique qui est dans la galerie de l'Ermitage à Saint-Pétersbourg.

## GREUZE (J. B.)

**36 — Étude d'enfant en pied, pour la malédiction paternelle.** Très-beau dessin à la sanguine.

## GREUZE (J. B.)

**37 — Jeune femme en costume italien.** Très-joli dessin à la sanguine.

## LECLÈRE (Séb.)

**38 — Croquis de divers personnages.** Charmant dessin au crayon rouge.

## MARILHAT

**39 — Nubiens en embuscade.** Dessin très-capital à l'aquarelle.

## MEISSONIER

**40 — Le Rétameur.** Magnifique aquarelle. (Collection Jean
Feuchère.)

## MOUCHERON (Isaac)

**41 — Paysage animé de figures sur le devant.** Beau
dessin à la plume, lavé d'encre.

## PAPETY (Dominique)

**42 — La messe du pape Grégoire XVI**, le jour de
Pâques, à Saint-Pierre de Rome. Magnifique dessin
au crayon lavé d'aquarelle, provenant de la vente
Papety.

## ROMAIN (JULES)

43 — **Tête de femme.** Fragment de dessin d'un grand caractère.

## SARTE (ANDRÉ DEL)

44 — **Etude pour une figure de moine.** Très-beau dessin au crayon rouge. (Collection Jean Feuchère.)

## VINCI (LEONARDO DA)

45 — **Figure d'homme pendu.** Beau dessin à la plume ; les couleurs des vêtements sont indiquées en italien. (Collection Revil et Thorel.)

## VELDE (GUILLAUME VAN)

46 — **Marine animée de navires et barques.** Beau dessin à la plume lavé de bistre.

## VATTEAU (ANTOINE)

**47 — Tête de jeune fille tournée à gauche.** Charmant dessin à plusieurs crayons. (Collection Van Os.)

# ÉCOLE ALLEMANDE DU XVIᵉ SIÈCLE

**48 — Petit album** relié en vélin, composé de onze feuillets sur peau d'âne, contenant vingt-deux dessins à la mine de plomb, d'une grande finesse. Le titre est une armoirie avec des devises, signé A. S. 1587. Ce précieux recueil renferme des portraits et costumes du XVIᵉ siècle.

———

**VOYAGE EN ORIENT, par MARILHAT,** se composant de 90 Dessins à l'aquarelle, à la mine de plomb et à la plume, dont nous donnons le détail, et qui seront vendus séparément :

**49 — Temple près de Tripoli.** A la plume.

**50 — Vue de Tripoli.** Dito.

51 — Extérieur d'une maison à Beyrout.       A la plume.

52 — Tombeau de Josaphat et Zacharie à Jérusa-
     lem.       Dito.

53 — Maison d'Absalon.       Dito.

54 — Temple de Salomon.       Dito.

55 — Oasis.       Dito.

56 — Mosquée de Tyrus.       Dito.

57 — Saint Antonio.       Dito.

58 — Tombeau du roi à Jérusalem.       Dito.

59 — Fontaine à Seleucis.       Dito.

60 — Mosquée d'Ischabur.       Dito.

61 — Vue en Syrie.       Dito.

62 — Chaire de mosquée au Caire.       Dito.

63 — Mosquée d'Aban-Aly.       Dito.

64 — Vue du Caire.       Dito.

65 — Mosquée à Quiem.                        A la plume.

66 — Vue à Nicosie.                            Dito.

67 — Rue au Caire.                             Dito.

68 — Temple de Laodisca.                 Dito.

69 — Vue d'un monument à Nicosie.       Dito.

70 — Vue à Seleucis                          Dito.

71 — Vue de Napoli de Romane.      A la mine de plomb.

72 — Vue des temples de Balbeck.       Dito.

73 — Vue d'Eden (paradis). Liban      Dito.

74 — Vue générale de Tripoli de Syrie.    Dito.

75 — Vue de la salle de réception à Karnach.  Dito.

76 — Vue de Phile.                         Dito.

77 — Vue de l'entrée du Saint-Sépulcre à Jérusa-
      lem.                                Dito.

78 — Vue de Nazareth.                    Dito.

79 — Vue de Saïda (Sidou).          A la mine de plomb.

80 — Avenue des Sphinx, à Karnach.          Dito.

81 — Vue du Médinet-Abou (Thèbes).          Dito.

82 — Vue de Gourmah (Thèbes).          Dito.

83 — Vue de Rameseyum (Thèbes).          Dito.

84 — Vue des Pyramides.          Dito.

85 — Vue de Boulak (Caire). Rehaussé.          Dito.

86 — Vue générale du Caire.          Dito.

87 — Vue de la grande mosquée à Alexandrie.
Rehaussé.          Dito.

88 — Vue de Tripoli, prise du cimetière.          Dito.

89 — Maison du consul d'Autriche à Alexandrie.          Dito.

90 — Couvent de Saint-Antoine au Liban.          Dito.

91 — Vue de Bescharetz au Liban.          Dito.

92 — Temple de l'Amour à Balbeck.     A la mine de plomb.

93 — Vue des ruines du temple du Soleil à Bal-
        beck.                                      Dito.

94 — Vue de Fortoze (Syrie). A la mine de plomb,
        rehaussé.

95 — Vue d'Antioche.                               Dito.

96 — Vue de Suédich.                               Dito.

97 — Forêt de Palmiers, village Regga.             Dito.

98 — Vue d'Athènes.                                Dito.

99 — Forêt de cèdres du Liban.                     Dito.

100 — Vue de Corinthe.                             Dito.

101 — Vue de Siout (Haute-Égypte).                 Dito.

102 — Vue de Benihassan.                           Dito.

103 — Vue de Minikh.                               Dito.

104 — Vue générale de Jérusalem prise du jardin
        des Oliviers.                              Dito.

105 — Mosquée de Boulack.                    A la mine de plomb.

106 — Vue générale de Latakié.                     Dito.

107 — Intérieur de jardin au Caire.                Dito.

108 — Vue du Saint-Sépulcre prise du Bazar.        Dito.

109 — Mosquée et tombeau de la fille de Méhémet-
       Aly, à Alexandrie.                          Dito.

110 — Tombeaux de la famille de Méhémet-Aly.       Dito.

111 — Jardins des Franciscains, à Alexandrie.      Dito.

112 — Vue de la mer prise du Pirée.                Dito.

113 — Vue de Fouad, dans le Delta.                 Dito.

114 — Vieux Turc et enfants, à Nazareth.      Aquarelle.

115 — Portrait d'une femme de Latakié.             Dito.

116 — Femme nubienne.                              Dito.

117 — Costumes turcs.                              Dito.

118 — Capitaine des armées du pacha (Égypte).      Dito.

119 — Costumes égyptiens.                    Aquarelle.

120 — Costume de Fellah.                    Dito.

121 — Portrait d'une femme dans son intérieur, à
      Alexandrie.                    Dito.

122 — Femme de Nazareth.                    Dito.

123 — Derviche à Alexandrie.                    Dito.

124 — Costume grec à Navarin.                    Dito.

125 — Femmes du peuple grecques.                    Dito.

126 — Domestique arabe à Alexandrie.                    Dito.

127 — Chrétien maronite du Liban.                    Dito.

128 — Femme druse des environs d'Acre.                    Dito.

129 — Portrait de Constantin Bosolino, de Napoli
      de Romano.                    Dito.

130 — Portrait de Mouhamed-Moutero, de Latakië.  Dito.

131 — Officier de cavalerie arabe.                    Dito.

132 — Porteur d'eau à Alexandrie.     Aquarelle.

133 — Costume grec à Navarin.     Dito.

134 — Costume turc.     Dito.

135 — Moukra d'Athènes.     Dito.

136 — Femme du peuple à Alexandrie.     Dito.

137 — Un soldat grec.     Dito.

138 — Costume grec à Navarin.     Dito.

# ESTAMPES

## BARBARY (Jacques), dit le maître au Caducée.

**139 — Sacrifice de Priape** (B. 19). Magnifique épreuve. Très-rare à rencontrer de cette beauté. (Cabinets Vischer et Vanden Zande.)

## MATHAM (Jacques)

**140 — L'Amour et Psyché**, d'après Bloemaërt. Très-belle épreuve.

## POTTER (Paul)

**141 — Différents bœufs et vaches.** Suite de huit estampes (B. 1 à 8). Superbes épreuves du premier état, avant l'adresse de *Clément de Jonghe* et avant les numéros. Très-rare.

## RAIMONDI (Marc-Antoine)

**142 — La Vierge au berceau**, d'après Raphaël (B. 63). Superbe épreuve. Très-rare.

## RAIMONDI (Marc-Antoine)

**143 — La Bacchanale** (B. 248), d'après un bas-relief antique qui est à Rome, près de l'église saint-Marc. Pièce extrêmement rare. De la plus grande beauté. Des collections Verstolk de Soelen et Vanden Zande.

## RAIMONDI (Marc-Antoine)

**144 — Vénus sortie du bain**, d'après Raphaël (B. 297). Pièce extrêmement rare.

## REMBRANDT (Paul)

**145 — Jésus-Christ guérissant les malades, ou la pièce de cent florins** (B. 74). Cl. 78. Belle épreuve du premier état de Bartsch, tirée sur papier du Japon; elle provient des cabinets du Bourgmestre Six et Debois.

## REMBRANDT (Paul)

**146 — Portrait du bourguemestre Six** (B. 285). Cl. 282. Superbe épreuve du deuxième état, avec le

nom du maître : *Rembrandt, f.* 1647; les chiffres 6
et 4 placés à rebours, dans la marge, à droite, mais
avant les nom et prénoms du personnage, dans la
marge, à gauche; elle est tirée sur papier du Japon.
De la plus grande rareté.

Une épreuve de même état mais sur papier blanc a
été vendue 5,550 francs à la vente de F.·., en 1859.

## REMBRANDT (Paul)

**147 — Portrait de Jean Lutma** (B. 276). Cl. 273. Magnifique épreuve du premier état, avant la croisée
dans le fond et avant le nom de Lutma et Rembrandt. Extrêmement rare. Collections Verstolk de
Soelen et de Férol.

148 — Collection de pièces historiques sur les guerres de la
religion et sur la révolution de 1789. Environ 120
pièces qui seront divisées.

15
116
13 ! —
13.10
144 — 10

270
970
840

940